(絵・薫明)

これは過去を振り返り、未来を描き
そして今を見つめるノートです。
あなたの想いを書いてください。
必ずあなたの宝物になります。

記入日：　　　年　　　月　　　日

著　名：

ありがとう帖

（吉川佐希子 作）

はじめに

「ありがとう」なんて素敵な言葉なのでしょうか。
　僧侶として、たくさんのお別れを見てきました。亡くなっていく方は、「今までありがとう」と最後に感謝の言葉を口にされます。
　同時に、残された遺族も「ありがとうございました」と報恩感謝の心が一つになるのです。
　ある時、テレビで81歳になる末期がん患者のインタビューがありました。「まだまだ、何もしていない」「やりたいことがいっぱいある」とお答えになっておられました。
　臨終に際し「俺の人生はこんはずではなかった」と残念がる方も、また多くおられます。
　どちらの人生が良い人生か？
　言うまでもありません。あなたも私も、必ずいずれ亡くなります。「死」を現実から遠ざけていて、もしもの時に「しまった」と後悔するのではなく、しっかり見つめてみましょう。私たちは、生まれた瞬間からカウントダウンが始まっているのです。限られた時間しかありません。
「死を見つめると、生が輝いてくる」
　まさに、死を見つめることにより、一分一秒が

大切な時間となるのです。

2006年に「私の人生史」というエンディングノートを出版させていただきました。私はお正月に毎年エンディングノート（遺言書）を書くようにしております。

10冊以上になって気が付くと、財産や葬儀のことよりも、ノートには「ありがとう」「ありがとう」と感謝の言葉ばかりが並びます。

楽しいことがあった。嬉しいことがあった。苦しいことがあった。悲しいことがあった。

こうして、出会いがあって様々な経験をさせていただき、成長していくのです。**ありがとうの数が「幸せ」の数です。**

どうぞ、「ありがとう」を探してみてください。そして、ありがとうと思ったことを、このノートに書きとめていってください。足りなければ、2冊目、3冊目と書きこんでいってください。

必ずや、このノートはあなたの宝物になることでしょう。

（梅原美和子 作）

目　次

　はじめに　3
私に「ありがとう」（私のこと）　6
私について　8
ありがとうを綴る　25
あなたの幸せって何ですか？　62
三尺の箸　64
たくさん寄せられる終活相談　68
終活相談「臨終の件」　69
終活相談「葬儀の件」　71
大切な人の連絡先　77
葬儀でしてほしいこと、してほしくないこと　74
お墓について　81
財産について　84
戒名について　92
自分で考えた戒名　101
最後に……、遺された人（子孫）に托すこと　102
これだけはやっておきたい大切な水子供養　106
　あとがき　108
過去帳　114
般若心経　126

（徳永文子　作）

（本扉題字・2頁・61頁書／尊明）

私に「ありがとう」(私のこと)

名　前：

名前の由来：

誕生日：　　　　　年　　　月　　　日

出生地：

血液型：　　　　干支：　　　　星座：

本　籍：

現住所：

電　話:..
メールアドレス:

　　　　　　　..

免許・資格:

趣味・特技:

学　歴:

私について

　私は何者なの？　今まで、思いもかけなかったけれど、自分なりに考えてみてみよう。そう、懸命に走り続けてきたけれど、ここで立ち止まって、振り返ってみよう。書き出してみよう。新しい自分が見つけられるかもしれない。

●子供の頃の私（楽しかったこと、嬉しかったこと、悲しかったこと、苦しかったこと、悔しかったことなどの想い出）

●学生時代の私

●青年期の私（　　～40歳）

●中年期の私(　　～60歳)

●熟年期の私（60歳～　　）

●私の人生について総括してみる（子供の頃の夢、叶ったこと、叶わなかったこと、人生の評価など）

●苦労したこと、伝えておきたいこと

（須藤聖子 書）

ありがとうを綴る

ありがとうを綴ってみましょう。

あんな時、こんな時、ありがとう。
なんだか恥ずかしくて、面と向かって言えないことだけど……。

この本の主題である「ありがとう」をいっぱい、心にまかせて書いていきましょう。

あなたがもし、余命宣告を受けたと仮定して、遺された方への最期の手紙だと考えてお書きになってみてください。

私が教えている学校での授業でも、生徒たちに「最後の手紙」を書いてもらっています。自分で余命と病名を決め、大切な人への「最期の手紙」の授業です。
最初は笑い声が聞こえますが、だんだんと気持ちが入ってきて涙するものもいます。

ありがとうを探してみてください。

●私のお父さん　ありがとう

.... へ

●私のお母さん　ありがとう

.... へ

● 私の伴侶へありがとう

　　　　　　　　　　　　　　　　　へ

●私の家族ありがとう（祖父母、兄弟、子供、孫、ペットたちへ）

.... へ

●ご縁のありがとう

（初恋の人、恩師や先輩、友人、親戚の人たちへ。また楽しかったこと、嬉しかったこと、助けてもらったこと、悔しかったこと、けんかしたことなど、想い出を）

.... へ

　三井寺を開かれた「智証大師」は、「救世利人」人のためにつくすことが、世を救うことになると説かれています。

　自分のことより、他人の幸せを祈り、考え、行動することで、幸せの輪が広がっていくのです。

　幸せって何でしょうか？

　ちょっと考えてみましょう。

あなたの幸せって何ですか？

三尺の箸 （漫画・薫明）

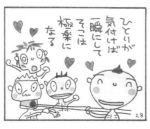

たくさん寄せられる終活相談

　エンディングノートや遺言は、大切だとはわかっていても、なかなか実行に移せないものです。
　先日、私が成年後見人をしている方がお亡くなりになりました。生前からちゃんと遺言書を作成されておられ、葬儀をはじめ財産に関して問題なく終えることが出来ました。
　死んでからでは、遅いのです。今のうちにしっかりと終活をしておくことで、あなたも遺族も安心し、より良い最期を迎えられることと存じます。
　ただ、ご注意いただきたいのは、自筆遺言は、認められないケースもあるため、財産など、大切な事を正式に遺すのであれば、行政書士や弁護士に依頼してご用意なさることをお勧めします。

（新倉典子 作）

終活相談「臨終の件」

　もしも、あなたが危篤になった場合、延命治療を望むか？　望まないか？
　最終判断は、遺族の方にゆだねるとしても、あなたの希望を書き添えることで、遺族も心の負担が軽減されると思います。

●延命治療に関して
□できる限りの治療を望む
□延命のための治療は望みません
（□にチェック✓を入れる）

●臓器提供の意思
　1～3までのいずれかの番号を○印で囲んでください。

1　私は脳死後および心臓が停止した死後のいずれでも、移植のために臓器を提供します。

2　私は心臓が停止した死後に限り、移植のために臓器を提供します。

3　私は臓器を提供しません。

(1または2を選んだ方で、提供したくない臓器があれば、以下に×印をつけてください)
【心臓・肺・肝臓・腎臓・すい臓・小腸・眼球】

本人自筆署名：

署名年月日：　　　　年　　　月　　　日

(金子佳代 作)

終活相談「葬儀の件」

　私の父の葬儀は、ゆっくりと四十五日後に行いました。

　父（第五十六世　円満院門跡三浦道明大僧正）が遷化し、生前の話し合いのとおりエンバーミングをお願いしました。

　本葬が四十五日後に決まり、お骨葬ではなくご遺体のまま葬儀を執り行いました。

　葬儀の準備をゆっくりと行えた事と共に、四十五日間もの間布団に眠っている父を身近に感じることが出来ました。

　葬儀の時、まるで眠っているような父の遺体に信者の方々をはじめ、ご参列の皆様も驚かれ、ご門跡に逢えたことに感激して、泣き崩れる方やお別れを惜しんで焼香の列に二巡、三巡と繰り返し並ぶ方が続出しました

　葬儀は、突然にバタバタと終ってしまい、後悔をする方も少なくありません。このようにゆっくりとお別れをすることも出来ます。

　私のケースは特別ですが、現在では火葬の予約が難しく、1週間後に葬儀を行うケースも多くなりました。

　最後のお別れは、しっかりと行うことで、次の代へバトンを渡すことになります。
　終活の準備をしっかりとしておきましょう。

●葬儀の形式

□仏教　□神道　□キリスト教　□無宗教
□その他（　　　　　　　　　　　　　　）
（□にチェック✓を入れる）

宗派・各派：

□こだわらない　□無宗教でしたい
（□にチェック✓を入れる）

菩提寺・教会：

連絡先：

生前戒名のある方：

＊戒名については、戒名の章で紹介しています。
＊先祖の戒名に関しては、最後の章の過去帳へご記入ください。

葬儀でしてほしいこと、してほしくないこと

●葬儀のワンポイントアドバイス

※お気に入りの写真（遺影）を用意しておきましょう。
（保管場所：　　　　　　　　　　　　　　　　　）

※葬儀社は事前に会場を下見し、見積もりをとるなど、相談しておくことを強くお勧めします。

葬儀社：

連絡先：

会員番号：

掛け金や契約内容の保管場所：

●葬儀、その他について

大切な人の連絡先

フリガナ お名前	郵便番号・住所・電話・メール・関係・備考など

大切な人の連絡先

フリガナ お名前	郵便番号・住所・電話・メール・関係・備考など

大切な人の連絡先

フリガナ お名前	郵便番号・住所・電話・メール・関係・備考など

大切な人の連絡先

フリガナ お名前	郵便番号・住所・電話・メール・関係・備考など

お墓について

お墓についても、自身の希望を含めて事前に考えておきましょう。

□菩提寺に埋葬希望　□霊園　□合同墓所
□海の散骨　□樹木葬　□お骨仏　□まかせます
(□にチェック✓を入れます)
場所:

※散骨は賛成で反対

毎年、船をチャーターして海の散骨に伺っております。散骨は良いものです。しかし、全骨を散骨するのは反対です。

つちぼとけ教室の生徒さんですが、主人の遺言通り海に散骨されたそうです。その後、遺族はどこに向か

って手を合わせればいいのか？かえって困られました。たとえ一片の遺骨でも遺され、**手元供養**にされるか？**お骨仏**（おこつぼとけ）にされるのがお勧めです。

※**寄せられる「お墓の相談」これで解決。**

【**墓じまい**】お墓がない。娘だけ、独身で、など様々な理由から納骨する場所にお困りの方も多くあります。

　大阪には、一心寺というお骨仏のお寺が有名です。たくさんの遺骨をまぜて一体の仏像が出来上がっています。最初私は、ガイ骨のようなものをイメージしていて気持ち悪いとさえ思っておりました。しかし、実際にお参りに伺うと、お骨で出来た仏さまに、たくさんの方が参拝、お祈りされ、キラキラと輝いておりました。この一体の仏像は、16万人の遺骨で出来上がっており、明治から始ま

ったお骨仏は10年に一体造仏され、今では200万人程の遺骨が納められているそうです。

自身の遺骨が邪魔者ではなく仏さまとなって役に立つ。こんなに素晴らしいものはありません。まさに、死後の希望ではないでしょうか？

当法門の智証大師は、お骨大師とも呼ばれ、仏像の中に遺骨が納められ国宝に指定されています。それに倣って本寿院では、関東ではじめてのお骨仏が安置されています。

お骨仏の費用は、3万円のみ（＊お骨仏には分骨が納められ費用は不要です。余骨を尊星王院の納骨堂に収めます。尊星壇費用として3万円のみが必要となります）ですので、すべてのお悩みが解決されます。同時に、祈りの場所としてご安心いただけます。

お骨仏は年中無休、9時から18時まで。参拝可能。

財産について

　財産については、難しい問題がありますので、行政書士や弁護士・会計士に相談されてください。（この本は正式な遺言書ではありませんので、法的効果はありません）

【相談している先生や保管場所】

■相談者：

■連絡先電話：

■住所：

【私の不動産】

【私の預貯金・株式】

【その他の資産や権利など。宝飾品・秘術品・ゴルフ会員権など】

【貸しているお金。貸している相手の名前や連絡先・金額・証書の有無・保管場所・返済など】

【クレジットカードなど。カード名・番号・有効期限・連絡先など】

【借りているお金。借入先・返済期限・借入金・残高・毎月の返済・返済方法、連絡先など】

【生命保険。保険名・会社名・番号・契約者名・被保険者・受取人・満期日・保険額・満期保険金、連絡先など】

【公的年金・私的年金】
【加入したことのある年金種類】
国民年金・厚生年金・共済年金・私的年金・その他
年金番号：

【年金保険・傷害保険・火災保険など】

【携帯・パソコン（デジタル遺産など）、契約会社名・携帯番号・名義・メールアドレス・ID・パスワードなど。データやブログなどの消去を希望する場合はその方法など】

●財産、その他

【寄付「死後寄贈」】
　子供がいないので自分の財産を死後に寄贈したい。

寄贈先：

```
┌─────────────────────────────┐
│                             │
│                             │
│                             │
│                             │
│                             │
└─────────────────────────────┘
```

＊法的手続きが必要なため、正式には生前に寄贈先と契約をなさってください。

　私どものお寺では、恵まれないラオスの子供たちの学校を建設し、学力をつけてもらうために活動しております。
　平成27年1校目の小学校が完成しました。2校目の開校、2020年にむけて、つちぼとけを頒布して募金活動を行っております。
　ご協力をお願いします。

戒名について

　戒名とは、仏弟子となって御仏に導いていただく名前です。元来は、生前に戒名を授かるべきものですが、いつしか死後戒名が一般的になりました。

　私は、仏の慈悲を伝えるために陶芸で仏さまを作る「**つちぼとけ**」教室を主宰しております。

　つちぼとけ教室に参加される方は、陶芸が好きな方やお地蔵さまが好きな方もおられますが、多くの方は、ご主人やお子様を亡くされたなど悲しみを背負って供養のために造仏されます。

　そんな時、よく寄せられるのが「戒名料」についてで、不安と不満の相談を受けます。

　高額な戒名を授かって、あれで良かったのか？

　また、私は「**NPO法人かけこみ相談センター**」の理事長を務めておりますが、人生・仏事の無料相談には、戒名に関する

同じような相談も多数寄せられます。

　NHKの「ニュースウォッチ9」に特集されてからというもの、相談件数も一気に増えました。そんな相談内容を2013年「戒名って高い？安い？」という一冊の本にしました。

　反響は大きく、その後、全国各地で講演を依頼され、百回近く「戒名とは何か？」というお話をさせていただいております。

　戒名とは何か？　なぜ？高いのか？　戒名は、要るのか？　要らないのか？

　よみうりホールやNHK学院などで講演させていたき、質問が一番多かったのが、「戒名を自分で付けても良いでしょうか？」。そのままタイトルにした次の本を2015年に出版させていただきまし

た。この本には、戒名を自分で付ける方法のあんちょこ（虎の巻）を紹介させていただいたこともあり、ご自分で戒名を考える方が多くなりました（青娥書房刊）。

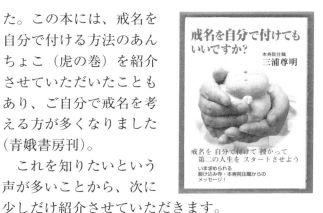

これを知りたいという声が多いことから、次に少しだけ紹介させていただきます。

●戒名を自分で付けてみよう

　まず、基本パターンは
● 天台宗・真言宗・浄土宗・曹洞宗・臨済宗。
　□□院　△△　○○　居士（女性は大姉）
　　　　　△△　○○　信士（女性は信女）
　□は院号、△△は道号、○○が戒名です。
● 浄土真宗（法名といいます）
　□□院釋　○○（女性は釋尼）
　　　　釋　○○
● 日蓮宗（法号といいます）
　□□院△△○○居士（女性は大姉）
　□□院△△○○信士（女性は信女）

先祖の戒名を参考にして、自分の戒名を考えてみましょう。
　注意しておきたいことは、戒名に付けてはいけない文字があるということです。

【付けてはいけない戒名の文字】

　戒名の文字には、三選三除という決まりごとがあります。
「犬」「豚」「牛」「畜」などの下等動物をあらわす文字（鶴・亀・竜・鹿などの霊獣はのぞく）、「死」「殺」「毒」など忌み嫌う文字、「棘」「禿」「刺」など文字のいやな感じを起こさせるもの、文字が並んでいるだけで何の意味もなさぬもの、皇室歴代の尊号、仏祖の宝号、年号、その他、語呂の問題では「運光」うんこう等、注意が必要です。

【戒名にふさわしい文字】

　戒名は、ただ文字を並べたものではありません。僧侶は、自らが信仰する経典を読み解き、その経典からふさわしい意味合いと文字を選ぶ場合があります。

参考として、経典から戒名を考える場合にふさわしい文字を列記しておきます。
【観音経】「愛敬」「慧観」「慈観」「慈心」「大雲」「妙音」「弘誓」「慈雲」「如海」
【法華経】「安明」「威徳」「観樹」「願海」「久遠」「浄心」「智月」「天月」「白蓮」
【寿量品】「願見」「久修」「実成」「寿量」「宝樹」「明見」「安穏」「一心」「常在」
【神力品】「月明」「真浄」「如雲」「月光」「上行」「多宝」「如実」「如風」「遍照」
【阿弥陀経】「香光」「華徳」「広長」「天楽」「念法」「法相」「梵音」「一処」「光明」
【無量寿経】「正覚」「正観」「正願」「勝道」「聖法」「聖明」「信慧」「法城」「妙華」
【金剛経】「清浄」「成忍」「信解」「善根」「善法」「福徳」「福智」「一相」「慧眼」
【遺教経】「寂然」「寂静」「自活」「勤心」「合和」「仰観」「見道」「甘露」「安楽」

　次に、職業から戒名を考える場合　参考となる文字を列記します。
【農業】「久遠」「黄雲」「心田」「良田」「青空」「海田」「美苑」「秋成」「信楽」
【林業】「清岳」「涼樹」「深徳」「宝樹」「華山」「永

照」「雪光」「空林」「一葉」

【漁業】「大海」「天雲」「海潮」「桂舟」「海舟」「円光」「願海」「光風」「宝船」

【技術者】「精山」「宝雲」「精雲」「修練」「大匠」「技峰」「明輝」「清機」「一心」

【電気・コンピューター】「明光」「妙光」「明海」「大光」「光明」「慈光」「光信」「明雲」「照空」「道心」

【衣料】「香雲」「天衣」「清雅」「浄潔」「華雲」「浄泉」「清心」「清美」「浄照」

【経営者】「清風」「智海」「栄雲」「恵山」「功雲」「清隆」「大徳」「興岳」「明岳」

【会社員】「誠山」「誠岳」「誠雲」「正道」「珠光」「和雲」「良雲」「善海」「行空」

【料理関係】「味海」「精岳」「喜山」「香山」「香室」「尚海」「栄徳」「天海」「清和」

【公職・教育者】「英雲」「慈雲」「教徳」「和敬」「善学」「博山」「探山」「明道」

【医療】「医徳」「方安」「慈恵」「白雲」「仁海」「玉泉」「真仙」「慈法」「薬田」

【福祉・ボランティア】「博雲」「慈雲」「一心」「清心」「弘雲」「慈愛」「悲田」「慈峰」

【警察・防衛】「永安」「護国」「保安」「善雲」「正海」「常山」「義海」「義雲」「道心」

【政治家】「政徳」「靖岳」「恵和」「華国」「和海」「安雲」「徳雲」「明徳」「大道」

【文筆・文学】「文泉」「智海」「文華」「清響」「松風」「永興」「文海」「栄明」「流光」

【音楽】「慈音」「法響」「雅雲」「円楽」「妙空」「天海」「法雲」「光華」「月明」

　そして、お人柄から戒名を考えるとこんな感じになります。

【まじめな人】
「誠心」「一心」「専山」「道山」「一月」「浄心」「明海」「行徳」「真雲」「慈心」「善海」「光正」「真正」「方山」「妙高」「空心」「石雲」「永信」「一道」「孝道」「光順」「温養」

【快活・さわやかな人】
「快雲」「円応」「安山」「空青」「明岳」「大海」「寛山」「徳雲」「光雲」「天明」「明和」「光永」「光円」「玉照」「明雲」「心智」「円聴」「賢空」「道明」「正雲」「正海」「良順」

【剛健・豪放な人】
「精雲」「勇心」「常海」「志雲」「俊剛」「俊岳」「大岳」「志峰」「風海」「高翔」「仁山」「泰山」「明徳」「清遠」「玉泉」「和雲」「光善」「真宝」「天光」「円満」

道号に良く使われる文字は、実字といってこの世に存在する実際の風物を用いることが多くあります。
「庵」「雲」「英」「園」「翁」「華」「岩」「空」「軒」「江」「山」「川」「泉」「船」「松」「天」「灯」「堂」「梅」「室」「潮」「陽」「林」「蓮」「海」「月」「国」「水」「宝」「陵」「宝」「珠」

【戒名に良く使われる文字】
「安」「雲」「栄」「円」「英」「縁」「応」「遠」「温」「音」「愛」「永」「華」「香」「佳」「観」「願」「嘉」「寛」「歓」「海」「岳」「学」「輝」「亀」「休」「京」「経」「恭」「教」「勤」「樹」「空」「薫」「勲」「賢」「研」「堅」「兼」「健」「見」「源」「元」「言」「厳」「幻」「慶」「光」「功」「宏」「香」「恒」「高」「興」「公」「剛」「幸」「護」「山」「慈」「珠」「宗」「周」「秋」「修」「春」「淳」「純」「昌」「正」「昭」「松」「祥」「章」「常」「成」「乗」「心」「真」「深」「照」「浄」「寿」「潤」「政」「聖」「雪」「青」「清」「晴」「精」「誠」「盛」「仙」「宣」「泉」「禅」「善」「相」「聡」「存」「尊」「操」「正」
「泰」「卓」「智」「徹」「鉄」「哲」「道」「徳」「端」「探」「知」「沖」「忠」「長」「澄」「貞」「天」「田」「伝」「東」「登」「敦」「南」「如」「能」「念」「忍」

「白」「富」「法」「宝」「梅」「繁」「文」「聞」「芳」「豊」「妙」「明」「門」「由」「雄」「融」「悠」「勇」「優」「誉」「陽」「養」「流」「隆」「龍」「良」「涼」「林」「輪」「蓮」「和」「亮」

　戒名は、とても大切な名前です。一度、考えてみてください。同時に自分の人生を振り返ってみてください。**戒名には、その方の生きた証が込められています。**

　戒名を授かって、仏弟子として新しい人生をおすすみください。詳しくはホームページをご覧ください。（**戒名の無料相談**　0120 4194 61）

http://111.or.jp/kaimyou/

自分で考えた戒名

[ふりがな]　【戒名】　　　　　［意味］

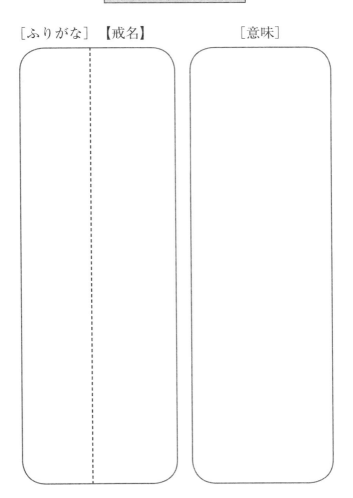

最後に……、遺された人（子孫）に托すこと

これだけはやっておきたい大切な水子供養

　流産や中絶等、闇へと葬り去られた小さな命。長い間誰にも言えず、その苦悩は量りしれないものがあります。内緒にされてこられた方もあります。

　一人の命を親の判断で奪ってしまった後悔と自責の念。

　産んでやることが出来なかったわが子の成仏を願うとともに、無縁仏とならないように、これだけはしっかりとしておきたい問題です。

【水子供養の法話 QR コード】

水子供養　地蔵和讃　ユーチューブ

「愛もしうまれていたら」
大切な水子供養のページ

人生仏事の相談サイト　お寺ネット

あとがき

　人生の幸せってなんでしょうか？
　それぞれの人生、自分が主人公です。
　この世が終わって、あの世に行くのでしょうか？
　いや、違う。あの世で生まれて、この世にやってきて、たくさんの方とご縁をいただき、この世で修行をさせていただいているのだ。
　行く浄土、還る浄土という考え方がございますが、私は、還る浄土であると強く信じております。
　お経の中に「歓宿縁」という言葉が説かれております。宿った縁をよろこべと。

　父との出会い、母との出会い、ご主人や奥様との出会い、そして我が子とも出会うことができました。

　私たちが今ここにいるということ。

　延々と続くご先祖からの「命のバトン」を受け継いでいるのです。

この本の最後に、般若心経と過去帳を付けさせていただきました。ご先祖に報恩感謝の心でお唱えください。
　あれが足りない。これが足りないと不平不満を言うのではなく、「ありがとう」を探してみませんか？

　本書を書き終えると、たくさんのありがとうに囲まれていることに気づき、何だか心が温かくなってきませんか。

　いつでも、毎年書いても、いいのです。

「ありがとう」の数が幸せの数ですね。
　苦しみばかりを見つめていると、感謝の心が見えないのですが、「ありがとう」と言っていると、不思議な縁に感謝の気持ちが湧いてきます。感謝の心を持ち続けましょう。

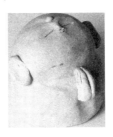

（田添光代 作）

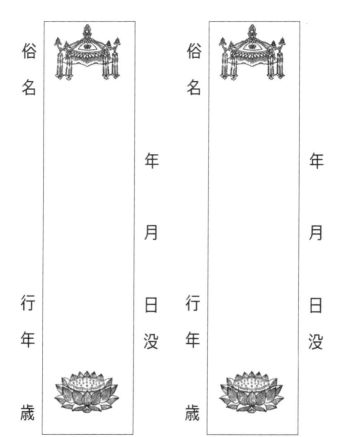

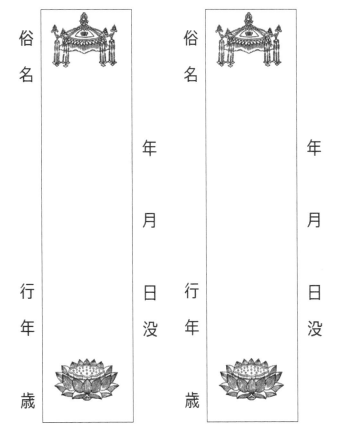

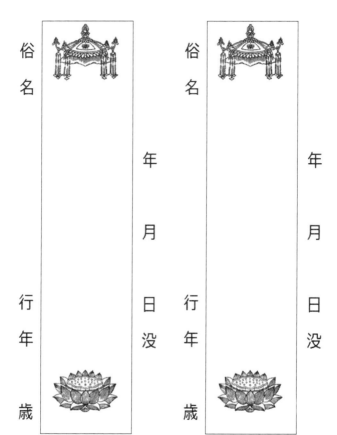

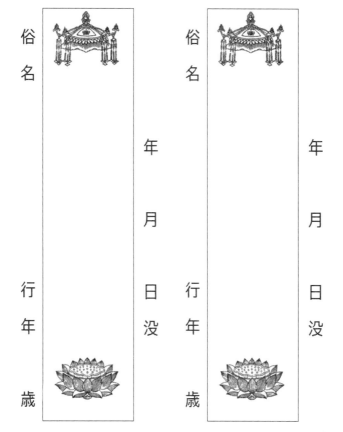

過去帖／ありがとう

不動真言　ナマクサ　マンダ　バサラナン　センダ　マカロシャナ　ソワタヤ　ウンタラタカンマン　三反

地蔵真言　オンカカカビサンマエイソワカ　三反

南無阿弥陀佛　十反

丁

ここに供養するところの〇〇〇〇の霊位之霊　丁

（同音）
願（ねが）わくば、この功徳（くどく）をもって、普（あまね）く一切（いっさい）におよぼし、我（われ）らと衆生（しゅじょう）と、皆共（みなとも）に仏道（ぶつどう）を成（じょう）ぜんことを。　三丁

※「丁」とは鐘をたたくこと。「三丁」であれば3回たたく。

婆訶。般若心經
(わ か はん にゃ しん ぎょう)

(千葉晃子 作)

虚。故説般若波羅蜜多呪。即説呪曰。羯諦羯諦。波羅羯諦。波羅僧羯諦。菩提薩

若波羅蜜多。是大神呪。是大明呪。是無上呪。是無等等呪。能除一切苦。眞實不

想(そう)究(く)竟(きょう)涅(ね)槃(はん)。三(さん)世(ぜ)諸(しょ)佛(ぶつ)。依(ゑ)般(はん)若(にゃ)波(は)羅(ら)蜜(みっ)多(た)故(こ)。得(とく)阿(あ)耨(のく)多(た)羅(ら)三(さん)藐(みゃく)三(さん)菩(ぼ)提(だい)。故(こ)知(ち)般(はん)

提薩埵。依般若波羅蜜多故。心無罣礙。無罣礙故。無有恐怖。遠離一切顛倒夢

無明盡。乃至無老死。
無老死盡。無苦集滅道。無
智示無得。以無所得故。菩

想行識。無眼耳鼻舌身意。無色聲香味觸法。無眼界。乃至無意識界。無無明示

如是（にょぜ）舍利子（しゃりし）。是（ぜ）諸法（しょほう）空相（くうそう）。不生（ふしょう）不滅（ふめつ）。不垢（ふく）不淨（ふじょう）不增（ふぞう）不減（ふげん）。是故（ぜこ）空中（くうちゅう）無色（むしき）無受（むじゅ）

度一切苦厄。舎利子。色不異空。空不異色。色即是空。空即是色。受想行識亦復

摩訶般若波羅蜜多心經
観自在菩薩。行深般若波羅蜜多時。照見五蘊皆空。

これはインターネットにもつながります。

 お経 jp

お経が流れます。
法話も聞く事が出来ます。

本寿院　住職　三浦尊明
〒143-0025 東京都大田区南馬込 1-16-2
電話 03-3772-8889　FAX03-3772-9993
http://honjyuin.com/
戒名や葬儀・人生・仏事の無料相談は、携帯 080-4329-8889

【寺中寺院】
◇円宗院
〒254-0077 神奈川県平塚市東中原 2-17-7
電話 0463-33-9004
◇広徳寺
〒367-0212 埼玉県本庄市児玉町児玉 1504-3
電話 0495-73-4109
◇尊星王院
〒321-1264 栃木県日光市瀬尾 3213-5
電話 0288-25-7356
◇大福院
〒290-0537 千葉県市原市石塚 645
電話 080-4329-8889
◇本寿院　本院
〒520-0867 滋賀県大津市大平 2-17-6
電話 077-526-0006

ありがとう帖

2018年7月1日　第1刷

著　　者　　三浦尊明
発 行 者　　関根文範
発 行 所　　青娥書房
　　　　　　東京都千代田区神田神保町2-10-27 〒101-0051
　　　　　　電話 03-3264-2023　Fax 03-3264-2024
印刷製本　　シナノ印刷
ISBN978-4-7906-0359-7 C0015
©2018 Miura Sonmyo Printed in Japan
＊定価はカバーに表示してあります。